Dieses Buch

gehört

Rezept

Zutaten

_____   _____

_____   _____

_____   _____

_____   _____

_____   _____

Zubereitung

Rezept

_____ _____
_____ _____
_____ _____
_____ _____
_____ _____

Zubereitung

Rezept

....

Zutaten

_____ _____

_____ _____

_____ _____

_____ _____

_____ _____

Zubereitung

Rezept

Zutaten

Zubereitung

Rezept

Zutaten

_____   _____

_____   _____

_____   _____

_____   _____

_____   _____

Zubereitung

Rezept

Zutaten

Zubereitung

Rezept

....

Zutaten

_____   _____

_____   _____

_____   _____

_____   _____

_____   _____

Zubereitung

Rezept

Zutaten

_____ _____

_____ _____

_____ _____

_____ _____

_____

Zubereitung

Rezept

Zutaten

_____ _____

_____ _____

_____ _____

_____ _____

_____ _____

Zubereitung

Rezept ....

Zutaten

_____   _____
_____   _____
_____   _____
_____   _____
_____   _____

Zubereitung

Rezept

Zutaten

Zubereitung

Rezept

....

Zutaten

_____ _____   _____ _____
_____ _____   _____ _____
_____ _____   _____ _____
_____ _____   _____ _____
_____ _____   _____ _____

Zubereitung

Rezept

....

Zutaten

_____   _____

_____   _____

_____   _____

_____   _____

_____   _____

Zubereitung

Rezept

Zutaten

Zubereitung

Rezept

Zutaten

_____ _____ _____ _____

_____ _____ _____ _____

_____ _____ _____ _____

_____ _____ _____ _____

_____ _____ _____ _____

Zubereitung

Rezept

Zutaten

Zubereitung

Rezept

Zutaten

_____ _____   _____ _____

_____ _____   _____ _____

_____ _____   _____ _____

_____ _____   _____ _____

_____ _____   _____ _____

Zubereitung

Rezept

....

Zutaten

_____ _____   _____ _____
_____ _____   _____ _____
_____ _____   _____ _____
_____ _____   _____ _____
_____ _____   _____ _____

Zubereitung

Rezept

....

Zutaten

_____   _____

_____   _____

_____   _____

_____   _____

_____   _____

Zubereitung

Rezept

Zutaten

Zubereitung

Rezept

....

Zutaten

_____ _____
_____ _____

_____ _____
_____ _____

_____ _____
_____ _____

Zubereitung

Rezept

....

Zutaten

_____   _____

_____   _____

_____   _____

_____   _____

_____   _____

Zubereitung

Rezept

Zubereitung

Rezept

Zutaten

Zubereitung

Rezept

....

Zutaten

_____   _____

_____   _____

_____   _____

_____   _____

_____   _____

Zubereitung

Rezept

Zutaten

Zubereitung

Rezept

Zutaten

Zubereitung

Rezept

....

Zutaten

_____   _____
_____   _____
_____   _____
_____   _____
_____   _____

Zubereitung

Rezept

Zutaten

_____ _____   _____ _____

_____ _____   _____ _____

_____ _____   _____ _____

_____ _____   _____ _____

_____ _____   _____ _____

Zubereitung

Rezept

....

Zutaten

_____ _____   _____ _____
_____ _____   _____ _____
_____ _____   _____ _____
_____ _____   _____ _____
_____ _____   _____ _____

Zubereitung

Rezept

Zutaten

Zubereitung

Rezept

....

Zutaten

_____ _____ _____ _____

_____ _____ _____ _____

_____ _____ _____ _____

_____ _____ _____ _____

_____ _____ _____ _____

_____ _____ _____ _____

Zubereitung

Rezept

....

_____ _____   _____ _____
_____ _____   _____ _____
_____ _____   _____ _____
_____ _____   _____ _____
_____ _____   _____ _____

Zubereitung

Rezept

Zutaten

_____ _____

_____ _____

_____ _____

_____ _____

_____

Zubereitung

Rezept

....

Zutaten

_____   _____

_____   _____

_____   _____

_____   _____

_____   _____

Zubereitung

Rezept

....

Zutaten

_____ _____   _____ _____

_____ _____   _____ _____

_____ _____   _____ _____

_____ _____   _____ _____

_____ _____   _____ _____

Zubereitung

Rezept

....

Zutaten

_____   _____

_____   _____

_____   _____

_____   _____

_____   _____

Zubereitung

Rezept

....

Zutaten

_____ _____
_____ _____
_____ _____
_____ _____
_____ _____

Zubereitung

Rezept

....

Zutaten

_____   _____
_____   _____
_____   _____
_____   _____
_____   _____

Zubereitung

Rezept

Zutaten

_____ _____

_____ _____

_____ _____

_____ _____

_____ _____

Zubereitung

Rezept

....

Zutaten

_____   _____

_____   _____

_____   _____

_____   _____

_____   _____

Zubereitung

Rezept

Zutaten

Zubereitung

Rezept

Zutaten

Zubereitung

Rezept

....

Zutaten

_____   _____

_____   _____

_____   _____

_____   _____

_____   _____

_____   _____

Zubereitung

Rezept

....

Zutaten

_____   _____

_____   _____

_____   _____

_____   _____

_____   _____

Zubereitung

Rezept

....

_____ _____   _____ _____

_____ _____   _____ _____

_____ _____   _____ _____

_____ _____   _____ _____

_____ _____   _____ _____

Zubereitung

Rezept

Zutaten

_____ _____   _____ _____
_____ _____   _____ _____
_____ _____   _____ _____
_____ _____   _____ _____
_____ _____   _____ _____

Zubereitung

Rezept

Zutaten

_____   _____

_____   _____

_____   _____

_____   _____

_____   _____

Zubereitung

Rezept

Zutaten

_____   _____
_____   _____
_____   _____
_____   _____
_____   _____

Zubereitung

Rezept

....

Zutaten

_____ _____   _____ _____
_____ _____   _____ _____
_____ _____   _____ _____
_____ _____   _____ _____
_____ _____   _____ _____

Zubereitung

Rezept

Zutaten

Zubereitung

Rezept

....

Zutaten

_____   _____
_____   _____
_____   _____
_____   _____
_____   _____

Zubereitung

Rezept

Zutaten

_____ _____

_____ _____

_____ _____

_____ _____

_____ _____

Zubereitung

Rezept

....

Zutaten

_____ _____   _____ _____
_____ _____   _____ _____
_____ _____   _____ _____
_____ _____   _____ _____
_____ _____   _____ _____

Zubereitung

Rezept

Zutaten

Zubereitung

Rezept

Zutaten

Zubereitung

Rezept ....

Zutaten

_____   _____

_____   _____

_____   _____

_____   _____

_____   _____

Zubereitung

Rezept

_____   _____

_____   _____

_____   _____

_____   _____

_____   _____

Zubereitung

Rezept

Zutaten

Zubereitung

Printed in Poland
by Amazon Fulfillment
Poland Sp. z o.o., Wrocław

29208410R00069